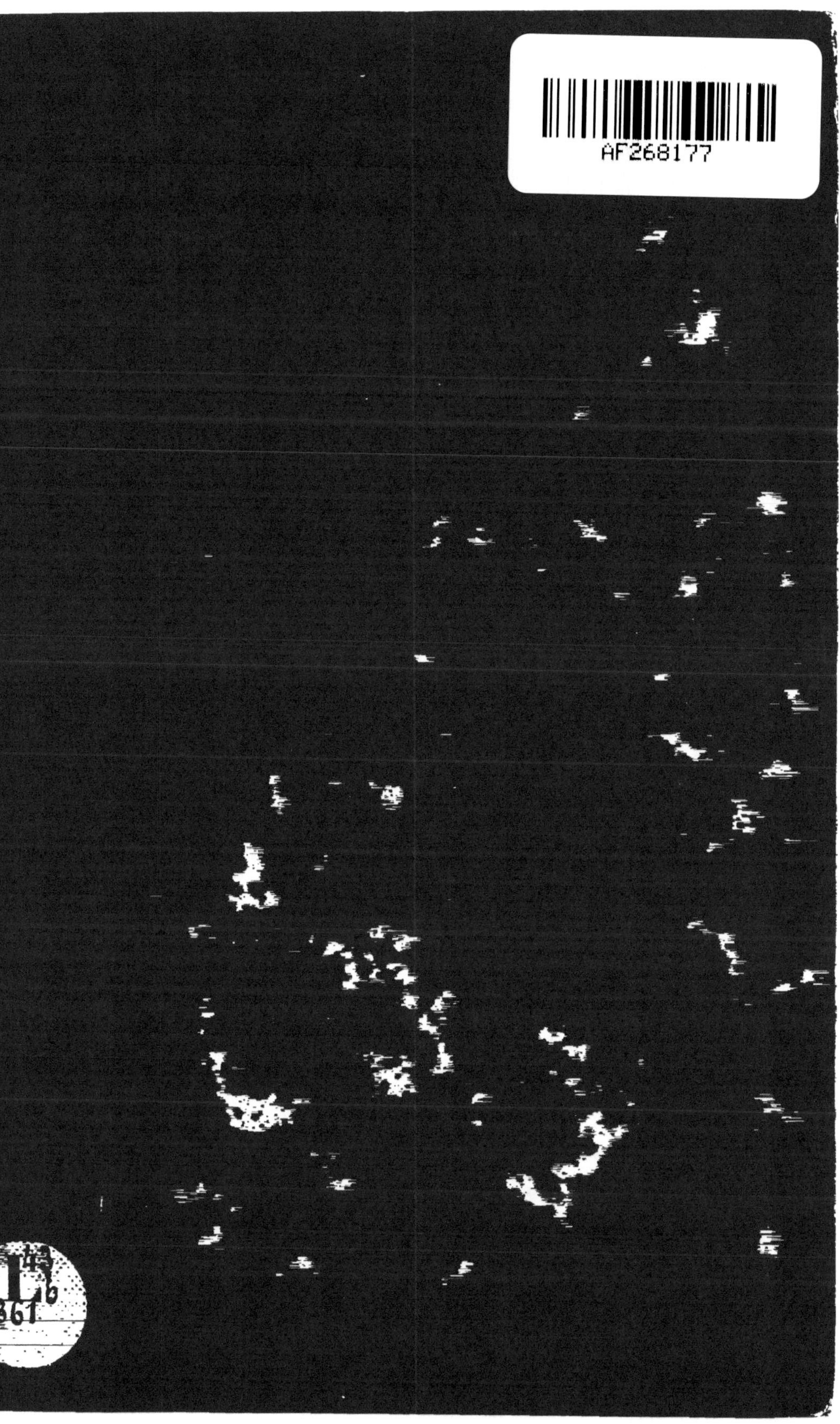
AF268177

LA THÉORIE

DU

GOUVERNEMENT CONSTITUTIONNEL

SUIVANT M. THIERS

PAR

M. ÉDOUARD BOINVILLIERS

MAITRE DES REQUÊTES, AUDITEUR AU CONSEIL D'ÉTAT

Extrait de la Revue Contemporaine
(Livraison du 30 novembre 1861)

PARIS

AUX BUREAUX DE LA *REVUE CONTEMPORAINE*
Rue du Pont-de-Lodi, 1

1861

LA THÉORIE

D U

GOUVERNEMENT CONSTITUTIONNEL

SUIVANT M. THIERS

Histoire du Consulat et de l'Empire, tome XIX.

Un attrait tout particulier s'attache au nouveau volume de
M. Thiers. Parmi les événements de cette année 1815, l'une des plus
mémorables et assurément la plus triste de ce siècle, même pour les
vainqueurs, il est tout un ordre de faits politiques dont l'appprécia-
tion est du ressort de l'homme d'Etat, plutôt que de l'historien. L'or-
ganisation d'un système de gouvernement libéral, que tenta l'empereur Napoléon I⁰ᵉʳ au retour de l'île d'Elbe, offrait à M. Thiers une
naturelle occasion de formuler une théorie constitutionnelle. Aussi,
en ouvrant ce volume, la curiosité du lecteur se partage cette fois
entre Napoléon et M. Thiers lui-même, ce qui ne peut être qu'infi-
niment flatteur pour ce dernier. On est heureux de retrouver, dans
un récit définitif et pleinement digne du sujet, cette féerique épopée
du golfe Juan, l'histoire de l'acte additionnel et du champ de mai. Mais,
si l'on est assuré d'avance que l'historien n'a rien oublié, on désire
voir si l'homme d'Etat n'a pas appris quelque chose de nouveau. On
se demande si ses anciennes idées sur l'application du régime constitutionnel en France n'ont pas subi quelques modifications par
suite de la chute du système sous lequel il a joué un rôle si actif et
parfois si brillant comme ministre et surtout comme chef d'oppo-

sition parlementaire. C'est ce que la suite de cette étude va nous apprendre.

I

Napoléon, transporté à l'île d'Elbe sur la frégate l'*Undaunted*, avait mouillé le 3 mai 1814 dans la rade de Porto-Ferrajo et débarqué dans la journée du 4. Après quelques instants de trouble, invisible pour tous, il s'était mis résolûment à l'œuvre, et allait essayer les forces de son esprit à une tâche peut-être plus difficile pour lui que le gouvernement d'un grand empire : avec des ressources très limitées, un peuple, une marine, une armée en miniature, il se trouvait dans une situation absolument nouvelle pour lui. Rien n'est plus singulier et parfois plus touchant que de se figurer le vainqueur d'Austerlitz et de Friedland occupé, avec le petit nombre de fidèles qui avaient pu le suivre, à défendre sa vie contre quelque vulgaire assassin, à fortifier la petite île de Pianosa de manière à y trouver un refuge au besoin ; que de le voir se livrant aux calculs les plus minutieux pour assurer son existence et celle de ses serviteurs, à l'aide des deux ou trois millions qui constituaient alors toute sa fortune ; s'ingéniant pour se construire une retraite très modeste mais décente, capable de recevoir sa sœur Pauline et sa mère, qui pensait, très justement, que son devoir devait la rapprocher plus étroitement encore de son fils dans l'infortune. Là ne se bornaient pas ses soins : ce petit peuple qui, avant son arrivée, l'avait brûlé en effigie, bientôt converti, fanatisé par sa seule présence, occupait une grande partie de ses journées. Les pêcheries, les mines de fer, les routes, avaient été l'objet de sa puissante sollicitude. Mais, bien entendu, ce qui le préoccupait avant tout, c'était l'état des partis en France, la manière dont les Bourbons étaient accueillis, et les chances de succès, de durée, qui leur semblaient promises. En partant pour l'île d'Elbe, l'Empereur, on s'en souvient, ne s'était pas mépris sur les incompatibilités radicales qui existaient entre la nation et les Bourbons ; ses prévisions devaient être trop promptement justifiées. Tout allait mal en effet dans la mère-patrie ; l'armée était devenue, sauf quelques exceptions dans les grades supérieurs, presque ouvertement hostile. Sans cesse blessée par les procédés maladroits du gouvernement, elle conservait un souvenir religieux de son Empereur, une prédilection à peine dissimulée pour le drapeau tricolore. Le peuple ne pardonnait pas aux Bourbons d'être revenus à la suite de l'étranger. C'est en vain que les royalistes répétaient chaque jour

qu'il fallait s'en prendre à Napoléon et non aux Bourbons des souvenirs
de l'invasion ; il répondait, et non sans raison peut-être, que Napoléon aurait repoussé l'invasion s'il n'avait pas été mal secondé ou
trahi. Le rétablissement des Bourbons par les armes étrangères était
pour eux une tache ineffaçable aux yeux de cette immense partie de la
nation qui discute mal, mais qui sent vivement. Quant à la classe
des fonctionnaires, qui comprenait les avantages sérieux de la nouvelle
forme politique, qui se rappelait d'ailleurs les souffrances véritables
qu'avait amenées l'état de guerre permanent des quinze dernières
années, elle n'aurait pas mieux demandé que de se rallier à un gouvernement habile. Mais les fautes succédaient aux fautes ; on voyait
chaque jour la désaffection générale faire de nouveaux progrès, et,
comme il arrive d'habitude dans ces circonstances, on se souciait peu
de se compromettre pour un pouvoir qui se compromettait lui-même,
à ce point qu'il n'aurait sans doute pas le temps de récompenser
le dévouement. Restait, il est vrai, une petite phalange d'hommes
politiques, comme MM. de Lafayette, Lainé, Benjamin Constant,
Mme de Staël, appuyés sur un assez grand nombre de bourgeois
éclairés, très partisans des idées constitutionnelles, et en même temps
très hostiles aux excès de l'Empire. Mais cette phalange elle-même
était repoussée et méconnue dans les conseils du gouvernement ; sa
modération était taxée de faiblesse ; son attachement aux principes de 1789 révoltait les royalistes purs, qui se disaient et se
croyaient de bonne foi les seuls serviteurs utiles du nouvel ordre de
choses. Disposée d'abord à la conciliation, la bourgeoisie constitutionnelle n'avait pas tardé à s'irriter à son tour des répulsions, des
taquineries hostiles dont ses chefs étaient l'objet, et bientôt, sollicitée
par le mouvement populaire, elle s'éloignait à son tour du nouveau
régime.

Napoléon n'avait pas été le dernier à deviner les immenses em-
barras que les Bourbons accumulaient autour d'eux, et l'idée de ren-
trer en France prenait chaque jour plus de consistance dans son esprit.
La visite que lui rendit M. Fleury de Chaboulou à l'île d'Elbe, sans
avoir les conséquences décisives qu'on s'est plu à lui attribuer, l'af-
fermit néanmoins dans son projet. Enfin, il fut décidément entraîné
à tenter de nouveau la fortune par les avis qui lui parvinrent qu'au
moins une des grandes puissances avait pensé à se saisir de sa personne, précisément pour prévenir une semblable tentative ; par la
clôture du congrès de Vienne, et, au dernier moment, par la saison,
qui permettait, grâce à des nuits encore longues, d'échapper à la
surveillance des croisières anglaises.

Napoléon ne fit confidence de son projet qu'à sa mère : « Je ne
puis, lui dit-il, mourir dans cette île, et terminer ma carrière dans

un repos qui serait peu digne de moi. D'ailleurs, faute d'argent, je serais bientôt seul ici, et, dès lors, exposé à toutes les violences de mes nombreux ennemis. La France est agitée ; les Bourbons ont soulevé contre eux toutes les convictions et tous les intérêts attachés à la révolution ; l'armée me désire ; tout me fait espérer qu'à ma vue elle volera vers moi. Je puis sans doute rencontrer sur mon chemin un obstacle imprévu ; je puis rencontrer un officier fidèle aux Bourbons qui arrête l'élan des troupes, et alors je succomberai en quelques heures. Cette fin vaut mieux qu'un séjour prolongé dans cette île, avec l'avenir qui m'y attend. Je veux donc partir, et tenter encore une fois la fortune. Quel est votre avis, ma mère? » Cette énergique femme éprouva un saisissement en écoutant cette confidence, et recula d'effroi, car elle comprenait que son fils, malgré sa gloire, pourrait bien expirer sur les côtes de France comme un malfaiteur vulgaire. « Laissez-moi, lui répondit-elle, être mère un moment, et je vous dirai ensuite mon sentiment. » Elle se recueillit, garda quelque temps le silence ; puis, d'un ton ferme et inspiré : « Partez, mon fils, lui dit-elle, partez, et suivez votre destinée. Vous échouerez peut-être, et votre mort suivra de près une tentative manquée. Mais vous ne pouvez demeurer ici, je le vois avec douleur ; du reste, espérons que Dieu, qui vous a protégé au milieu de tant de batailles, vous protégera encore une fois. » Ces paroles dites, elle embrassa son fils avec une violente émotion.

Après cet adieu suprême, le 21 février au soir, Napoléon quitta l'île d'Elbe, entouré de ses soldats, qui faisaient retentir l'air de ces cris de *Vive l'Empereur !* que l'immense majorité du peuple français allait bientôt répéter après eux.

On sait tous les détails de cette fabuleuse entreprise ; les périls et l'heureuse issue de la traversée, le débarquement au golfe Juan, le 1er mars ; le choix raisonné que fit l'Empereur de la route du Dauphiné, malgré les difficultés presque insurmontables qu'elle présente, de préférence à celle de la basse Provence, aboutissant à Toulon et à Marseille, cités royalistes ; ses proclamations célèbres au peuple et à l'armée, et « cette aigle aux couleurs nationales, volant, de clocher en clocher, jusqu'aux tours de Notre-Dame.» Aux environs de Cannes, il avait donné l'ordre d'arrêter toutes les voitures qui passeraient ; on mit ainsi la main sur le prince de Monaco, qui, comme tant d'autres, avait passé du culte de l'Empire à celui de la Restauration ; Napoléon le fit relâcher aussitôt, l'accueillit avec gaieté et lui demanda où il allait. — Je retourne chez moi, répondit le prince. — Et moi aussi, répliqua Napoléon, bon voyage ! Au sortir de Cannes, on s'engagea dans les montagnes ; le froid était très vif et Napoléon fut souvent obligé de mettre pied à terre pour se réchauffer ; peu habitué à cet exercice, il trébuchait souvent dans la neige et dut s'arrêter dans une espèce de chalet habité par une vieille femme et quelques vaches. « Avez-vous des nouvelles de Paris ? lui demanda Napoléon. Naturellement elle répondit qu'elle ne savait rien. — Vous ne savez donc pas ce que fait le roi ? — Comment, le roi ? dit la vieille femme, vous voulez dire l'Empereur ; il est toujours là-bas. » — Cette habitante des Alpes ignorait que Napoléon avait été précipité du trône et remplacé par Louis XVIII. Napoléon regarda Drouot, l'un des témoins de ce singulier dialogue, et lui dit : « Eh bien ! Drouot, à quoi sert de troubler le monde pour le remplir de notre nom ? » Et il sortit tout pensif.

De Sisteron, on se dirigea sur Gap, puis sur Grenoble. Le moment décisif approchait : on avait devant soi une grande ville, bien défendue ; si l'on réussissait là, tout était dit, la route des Tuileries était ouverte. Consulté, dès les premiers jours, sur les chances de ce débarquement, si téméraire en apparence, Fouché avait répondu « que tout dépendrait de la conduite du premier bataillon qui rencontrerait l'*usurpateur*. » La rencontre de Virille décida en effet du sort de l'entreprise. « Ceux qui tireraient les premiers répondraient, avait dit l'Empereur, à la France et à la postérité des événements qu'ils auraient amenés. » M. Thiers ajoute : « Il avait raison, hélas! et ceux qu'il interpellait ainsi allaient décider si Waterloo serait inscrit ou non sur les sanglantes pages de notre histoire ! » Devaient-ils donc frapper leur Empereur ? Le cœur se révolte contre une pareille exigence, et la froide raison n'en est pas beaucoup plus satisfaite. Qui oserait décider que cet horrible coup de feu eût tout apaisé en France et terminé subitement et sans retour la lutte entre la révolution et la contre-révolution? Et d'ailleurs, le succès du retour de l'île d'Elbe une fois assuré, le désastre de Waterloo en était-il donc une conséquence fatalement inévitable, et n'a-t-il pas fallu l'enchaînement, le concours de bien des circonstances pour amener ce funeste dénouement ?

M. Thiers sait cependant mieux que personne que les obstacles accumulés contre les Bourbons venaient bien plutôt d'eux-mêmes que de l'Empereur ; et il nous fournit de cette vérité cent preuves convaincantes. N'est-ce pas lui qui nous dit :

« Ce jour-là, la France avait été conquise, et Napoléon était remonté sur son trône! Ainsi, un acte de clairvoyance consistant à lire dans le cœur de la France blessée par l'émigration, un acte d'audace consistant à entraîner un bataillon qui hésitait entre le devoir et ses sentiments, étaient, avec les fautes des Bourbons, les vraies causes de cette révolution étrange, et bien ordinaire, disons-le, tout extraordinaire qu'elle puisse paraître ! Etait-il possible, en effet, que l'ancien régime et la révolution, replacés en face l'un de l'autre en 1814, se trouvassent en présence sans se saisir encore une fois corps à corps, pour se livrer un dernier et formidable combat? Assurément non, et une nouvelle lutte entre ces deux puissances était inévitable. Napoléon, il est vrai, en s'y mêlant, lui donnait des proportions européennes, c'est-à-dire gigantesques. Sans lui, cette lutte aurait été peut-être moins prompte; peut-être aussi n'aurait-elle point provoqué l'intervention de l'étranger, et, dans ce cas, il faudrait regretter à jamais qu'étant inévitable, elle eût été aggravée par sa présence. Mais ce point est fort douteux, et probablement l'étranger, en voyant les Bourbons renversés par les régicides, n'aurait pas été moins tenté d'intervenir qu'en voyant apparaître le visage irritant du vainqueur d'Austerlitz ! »

Parti le 9 de Grenoble, Napoléon était le 11 au matin à Lyon, où il fit une entrée triomphante. Déjà il reprenait ses habitudes de souverain, déplaçait et replaçait des fonctionnaires, prononçait la dissolution des Chambres de Louis XVIII. La traversée de la Bourgogne ne fut qu'une suite d'ovations; le 20 mars, les Bourbons quittaient les Tuileries; le même jour, à neuf heures du soir, Napoléon y entrait.

« La voiture pénétra dans la cour du Palais sans qu'on sût d'abord ce qu'elle contenait. Mais une minute suffit pour qu'on en fût informé. Alors, Napoléon, arraché des mains de MM. de Caulaincourt, Bertrand, Drouot, fut porté dans les bras des officiers à la demi-solde, en proie à une joie délirante. Un cri formidable de *vive l'Empereur !* avait averti la foule des hauts fonctionnaires qui remplissait les Tuileries. Elle se précipita aussitôt vers l'escalier, et formant un courant contraire à celui des officiers qui montaient, il s'engagea une sorte de conflit presque alarmant, car on faillit s'étouffer, et étouffer Napoléon lui-même. On le porta ainsi au sommet de l'escalier, en poussant des cris frénétiques; et lui, pour la première fois de sa vie, ne pouvant dominer l'émotion qu'il éprouvait, laissa échapper quelques larmes, et, déposé enfin sur le sol, marcha devant lui sans reconnaître personne, abandonnant ses mains à ceux qui les serraient, les baisaient, les meurtrissaient de leurs témoignages. »

Cependant les souverains étrangers, que la nouvelle de ce retour trouva encore réunis à Vienne, n'étaient pas restés inactifs, en présence de ce coup de foudre. Leur premier sentiment fut la terreur; le second, la colère, et le 13 avril, M. de Talleyrand proposa de décider que Napoléon Bonaparte, ayant violé la convention du 11 avril, et détruit ainsi le seul titre légal sur lequel reposât son existence, devait être mis hors la loi des nations, et traité en conséquence, s'il était pris. On sait la réponse de l'Empereur à cette déclaration : il prescrivit à ses troupes de pousser doucement le roi Louis XVIII hors du territoire, et quand il prit le duc d'Angoulême les armes à

la main, il ordonna qu'on traitât le prince avec tous les égards imaginables, et le laissa libre sur parole de repasser la frontière. Les
souverains qui s'étaient partagé nos dépouilles et celles de beaucoup
d'autres Etats ne pouvaient voir d'un œil indifférent le retour de
l'Empereur. Ce retour semblait devoir inévitablement remettre en
question, dans un avenir plus ou moins éloigné, toutes leurs acqui-
sitions nouvelles, de sorte qu'à la terreur, à la colère, il faut ajouter
l'avidité, si l'on veut se rendre un compte exact des sentiments qui
animaient le congrès de Vienne.

Napoléon était donc hors la loi; ses courriers furent interceptés
sur toutes les frontières. M. de Metternich mit tous ses soins à s'assurer de Marie Louise et de son fils, et les moyens puissants dont il
disposait à cet égard ne paraissent pas malheureusement avoir jamais
été nécessaires auprès de cette fille des Césars : elle dit à M. Menne-
val, qui était parvenu à se rendre auprès d'elle ; « qu'elle était fati-
guée d'agitations et voulait se renfermer dans la vie privée, se con-
sacrer à son fils et lui préparer un avenir modeste et assuré ; qu'avec
ses fiefs de Bohême, il serait archiduc et riche archiduc, ce qui
n'était pas commun en Autriche, qu'elle n'était en tout cela que
mère, mère selon ses idées, mais aussi tendre que dévouée. »

Après ces premiers soins donnés à la surveillance du précieux fils
de l'Empereur, on appliqua purement et simplement un des articles
du traité de Chaumont, qui n'était que trop bien applicable à la cir-
constance, c'est-à-dire que chaque puissance s'engagea à fournir
150,000 hommes au moins, et plus s'il était nécessaire, et l'Angleterre 6 millions sterlings. Il ne faudrait pas croire cependant que les
sentiments des peuples à notre égard ne se fussent pas modifiés. Le
cabinet de Saint-James fut même obligé de recourir à une petite su-
percherie pour ne pas avouer qu'il avait décidé la guerre avec la
France. Le thème de l'opposition dans le Parlement était en effet
celui-ci :

« Que si on avait bien fait autrefois de combattre Napoléon à outrance,
on agissait imprudemment et par les vieilles inspirations aristocratiques
du parti tory, en prenant aujourd'hui l'engagement, dissimulé mais évident, de le combattre de nouveau ; que le traité du 11 avril, conséquence
naturelle de la situation en 1814, avait été violé sans pudeur, et de toutes
les manières ; que non-seulement on n'avait pas payé à Napoléon son sub-
side, ce qui l'avait réduit à vendre une partie des canons de l'île d'Elbe,
mais qu'on avait mis en question le duché de Parme, assuré à sa femme et
à son fils, refusé d'accorder une dotation promise au prince Eugène, et
discuté presque publiquement si on ne le déporterait pas lui-même dans
une île de l'Océan ; qu'on lui avait donné par conséquent tous les droits
imaginables de rompre le traité du 11 avril ; que, descendu sur le terr[...]

toire français, il y avait trouvé non-seulement l'armée, mais la nation disposées à lui ouvrir les bras ; qu'avec l'armée seule, il ne serait pas arrivé en vingt jours à Paris, entouré des acclamations du peuple des villes et des campagnes ; qu'évidemment ce n'était pas comme chef d'une troupe de bandits, ainsi qu'on voulait bien le faire croire, qu'il était revenu sans tirer un coup de fusil, mais comme représentant vrai de la Révolution française ; que les Bourbons, au contraire, n'avaient pas vu un bras se lever pour leur défense, ce qui ne prouvait guère que la nation les préférât aux Bonaparte ; que dès lors, la guerre qu'on niait, mais qu'on était décidé à commencer sans retard, consistait réellement à prendre parti pour les Bourbons, qui s'étaient rendus suspects et antipathiques à la majorité de la nation française, contre Napoléon, qui était, aux yeux des masses, le représentant de leurs intérêts ; que c'était là une ingérence dans les affaires intérieures d'une nation indépendante, tout à fait contraire aux principes de la Grande-Bretagne, ingérence que moralement il faudrait s'interdire, fût-elle utile aux intérêts britanniques, mais dont il fallait s'abstenir bien plus encore lorsqu'elle pouvait devenir funeste à ces intérêts ; que Napoléon ne serait pas ce qu'il était, c'est-à-dire un homme d'un incontestable génie, s'il ne revenait pas modifié par le malheur ; qu'évidemment il devait l'être dans une certaine mesure, puisqu'il se hâtait d'accepter les conditions du traité de Paris, par lui obstinément repoussées en 1814 ; qu'à la vérité, on niait sa bonne foi, et qu'on rappelait son ancienne et immense ambition, que ce qu'on disait de son ambition était assurément très fondé ; mais que depuis le congrès de Vienne, il n'était plus permis de parler de cette ambition, sans parler de celles qui avaient usurpé la Pologne, morcelé la Saxe, privé de leur nationalité Venise et Gênes ; que l'expérience avait prouvé que ces dernières étaient aussi à craindre, et avaient besoin d'être contenues autant au moins que celle de Napoléon ; que dès lors, si celui-ci, profitant des leçons de 1813 et 1814, proposait sérieusement la paix, c'était la peine d'y penser avant de se prononcer si brusquement pour la guerre ; qu'autant valait lui que d'autres sur le trône de France ; que recommencer la guerre, doubler encore une fois la dette anglaise, éterniser l'income-tax, braver enfin les chances d'une lutte qui pouvait devenir terrible, si elle devenait nationale de la part de la France, tout cela pour rétablir les Bourbons, était le sacrifice des vrais intérêts de l'Angleterre aux vieux préjugés des tories, et que, si flatteurs que fussent les compliments de Louis XVIII, ils ne méritaient pas qu'on les payât d'un prix aussi considérable. »

Mais malgré ces sentiments, qui étaient ceux de la grande majorité de la nation, le vieux parti tory, grâce à d'adroites combinaisons, pour lesquelles les partis politiques qui en profitent se montrent très complaisants, et trouvent des épithètes fort acceptables, le vieux parti l'emporta de nouveau. La cour de Vienne, malgré les liens personnels qui l'attachaient à l'Empereur, sans s'expliquer sur la succession future de Napoléon, se montrait plus attachée que jamais aux principes de la légitimité, et la Russie, tout en refusant également de s'engager sur le choix du souverain qu'il convenait de donner à la France, se montrait, par orgueil autant que par intérêt, prête aux derniers sacrifices pour renverser le trône populaire de Napoléon. La Prusse dépassait tous les confédérés en violence de langage ; *le Mercure du Rhin*, qui passait pour l'interprète des passions prussiennes, répétait chaque jour qu'il ne fallait pas combattre les Français « comme des adversaires ordinaires, mais les traiter comme des chiens enragés, dont on se débarrasse en les assommant. Il fallait faire la guerre à Napoléon, sans doute, mais au peuple français plus encore qu'à Napoléon, car ce peuple, par son orgueil et son ambition, tourmentait l'Europe depuis vingt-cinq ans ; il fallait le briser comme corps de nation ; le partager en Bourguignons, en Champenois, en Auvergnats, en Bretons, en Aquitains, qui auraient leurs rois particuliers ; détacher les Alsaciens, les Lorrains, les Flamands ; restituer ceux-ci à l'empire germanique, et rendre à cet empire sa force d'unité en lui donnant un empereur ; il fallait, par conséquent, faire en Allemagne le contraire de ce qu'on ferait en France, puisqu'on lui ôterait ses rois pour leur substituer un empereur, tandis qu'on ôterait à la France son Empereur pour lui imposer cinq ou six rois ; il fallait prendre les biens nationaux, fruits du pillage révolutionnaire, et en faire, ou des dotations pour les armées coalisées, ou le gage d'un papier qui servirait à solder la nouvelle guerre de la coalition. » Ces extravagances, délayées dans des articles aussi révoltants par la forme que par le fond, étaient reproduites chaque matin dans ce journal, et colportées sur les bords du Rhin.

La guerre était donc inévitable et prochaine. L'Empereur, avec le génie qu'on lui connaît, se disposait à y faire face ; mais, hélas ! la France, dont les sympathies lui étaient si nécessaires pour mener à bien cette guerre, la plus juste, la plus légitime de toutes celles qu'il eût entreprises, la France hésitait à le croire ! Il se disait partout converti, aussi ardent pour la paix qu'il l'avait été autrefois pour la guerre ; il faisait dire et répétait lui-même qu'il consentait à adopter les traités de 1814, qu'il n'avait pas dû signer, mais qu'il respecterait comme la loi du pays et la condition nécessaire de la paix. Peu de personnes ajoutaient foi à ses assurances ; ses plus chauds partisans le défendaient à leur manière, en mettant en doute la sincérité de ses paroles ; ses ennemis avaient tout intérêt à les prétendre mensongères. Avec cette disposition de l'esprit public, si inopportunément malveillante, il était difficile de retrouver ces victoires qu'enfante le réveil d'une nation se groupant en masse innombrable autour d'un chef aimé et respecté. Napoléon le sentait, et plus d'une fois, la nuit, entouré de quelques serviteurs fidèles, il se laissait aller à de sombres pressentiments :

« Oui, disait-il, j'ai eu de vastes desseins; mais puis-je les avoir encore ? Quelqu'un peut-il supposer que je pense aujourd'hui à la Vistule, à l'Elbe, même au Rhin ? Ah ! certes, c'est une bien grande douleur que de renoncer à ces frontières géographiques, noble conquête de la révolution, et, s'il ne fallait y sacrifier que la vie de mes soldats et la mienne, le sacrifice serait bientôt fait ! Mais il ne s'agit pas même de cette ambition patriotique, puisque j'accepte le traité de Paris ; il s'agit de sauver notre indépendance, de ne pas recevoir la contre-révolution des mains de l'étranger. Ah ! je ne demande au sort qu'une ou deux victoires pour rétablir le prestige de nos armes, pour reconquérir le droit d'être maîtres chez nous, et, notre gloire relevée, notre indépendance reconquise, je suis prêt à conclure la paix la plus modeste. Mais, hélas ! l'Europe ne veut pas croire à cette disposition, et la France pas davantage ! »

II

M. Thiers était et demeure partisan décidé de la forme de gouvernement connue sous le nom de régime constitutionnel. Sur ce point, ses idées paraissent immuablement arrêtées, et il dit en propres termes qu'il ne saurait voir dans les adversaires de la Constitution anglaise appliquée à la France « que des esprits timides ou inintelligents. » N'est-ce pas aller un peu loin ? Est-il bien sûr que tous les peuples, malgré les différences de coutumes, de traditions, de langage qui les distinguent, soient également propres à recevoir, à supporter même ces institutions politiques ? En particulier, pour ne parler que de notre France centralisée et égalitaire, le temps est-il venu où l'on pourrait sans danger lui concéder cette liberté *sui generis*, qui ne vaut pas, à tout prendre, celle dont on jouit dans les pays démocratiques comme le nôtre, mais qui, en définitive, s'ajoutant à la première, irait grossissant la somme de nos franchises ? On a déjà dit que le défaut d'aristocratie n'empêche pas, à lui seul, un peuple intelligent de se constituer comme le ferait un pays aristocratique, et que, le temps et la patience aidant, on parviendrait sans doute à trouver dans la bourgeoisie, changeante par nature et par nécessité, les conditions de sagesse, de ressemblance avec soi-même, de prudence dans les moments difficiles que l'on ne rencontre d'ordinaire que dans les corps éternellement voués, pour ainsi dire, à la vie politique. Rigoureusement, cela est possible ; je ne voudrais rien préjuger de l'avenir ; toutefois, c'est chose difficile, et l'expérience est là pour nous le prouver. Mais d'ailleurs, ce gouvernement à la mode anglaise ne paraît pas lui-même à l'abri des injures du temps. Il me semble qu'il n'est pas besoin d'être très clairvoyant pour s'apercevoir qu'il est en train de se modifier profondément. Robert Peel a donné à l'aristocratie le premier et le plus rude coup par sa loi sur les céréales ; la dernière guerre de Crimée n'a pas laissé que de l'entamer encore ; vienne une seconde guerre, et l'on ne sera pas loin de décréter pour l'armée une constitution analogue à la nôtre, c'est-à-dire égalitaire et anti-aristocratique. Si jamais une nouvelle loi de réforme électorale venait à passer, que le vote secret y fût admis, on pourrait affirmer que l'aristocratie perdrait en peu d'années la plupart de ses colléges électoraux. Ajoutons à tous ces symptômes, je ne dirai pas de décadence, mais au moins de transformation, le flot populaire qui monte, ces masses nombreuses d'ouvriers parfois intelligents et souvent bien misérables qui s'agitent sourdement ; la petite bourgeoisie qui ne demande plus seulement à s'enrichir, mais qui recherche en même temps une modeste part d'influence politique. Remarquons aussi que cette localisation de tous les services publics, qui est une des principales sources du pouvoir de l'aristocratie, va se restreignant chaque jour au profit du gouvernement central. En analysant et comparant ces divers symptômes, peut-être sera-t-on amené à conclure qu'avant d'engager tous les peuples à imiter la Constitution anglaise, il faudrait être bien sûr que cette Constitution n'est pas elle-même en voie de se rapprocher par quelques points de la nôtre. On trouvera même peut-être qu'il faut avoir une singulière préoccupation, un parti pris bien arrêté de ne pas tenir compte, dans l'expérience du passé, de tout ce qui peut contrarier des idées préconçues, pour proposer une nouvelle tentative de Constitution anglaise à un pays comme la France, où ce même régime, précédemment essayé, a donné lieu à d'amères déconvenues, trop vite oubliées aujourd'hui, pendant les jours de calme qui lui ont succédé. Enfin on devrait se rappeler qu'en fait notre pays a déjà obtenu la plupart des bienfaits que ce peuple, qu'on s'obstine à lui proposer comme modèle, paraît seulement en voie d'acquérir. Tout cela est assurément matière à réflexion. Aussi entre M. Thiers, qui tient pour timides ou même pour pires que cela les adversaires de la Constitution anglaise, et M. Guizot, qui se contente d'avouer que si on en a doté notre pays, ce n'est pas par esprit de calcul, mais par nécessité, on conviendra que notre amour-propre tout au moins doit nous faire pencher vers cette seconde manière de voir.

Il serait extrêmement injuste de croire que les critiques adressées par l'illustre auteur de l'*Histoire du Consulat et de l'Empire* au régime politique de cette époque ne sont dans sa pensée qu'une allusion systématiquement hostile au régime actuel. Si vif que puisse être, dans un tempérament méridional, le ressentiment des déceptions politiques, il nous répugnerait d'admettre que des rancunes de ce genre aient jamais exercé quelque influence sur les appréciations de l'éminent historien. Mais tout le monde n'a pas notre confiance ; il ne manque pas de lecteurs, d'esprits déliés, qui se vantent de comprendre à demi-mot, et qui, si on ne les avertissait de leur erreur, confondraient volontiers, sur ce point, le premier avec le nouvel Empire. En vérité, non-seulement nous tenons à croire M. Thiers incapable d'avoir songé ici à faire du pamphlet sous le couvert de l'histoire, mais nous ne pensons pas que sa haute intelligence ait pu méconnaître les différences profondes qui séparent les deux époques. Mais, d'un autre côté, il est si passionné pour le régime anglais, que nous ne pratiquons pas, cela est certain, (nous osons à peine avouer que nous n'en sommes pas fâchés) ; il paraît si épris de la liberté de la presse, que nous n'avons encore, il faut le dire, que d'une manière fort incomplète ; il se montre si hostile au suffrage universel, que nous possédons au contraire dans toute sa plénitude, — qu'il ne sera pas superflu de s'arrêter un instant sur ces divers points toujours si controversés.

Parlant du système électoral inventé par Sieyès, M. Thiers dit textuellement : « Il avait l'avantage apparent d'associer tous les citoyens à l'élection ; mais le vice profond inhérent au suffrage universel, c'est d'être illusoire, car ce qu'il y a de sérieux dans l'intervention du pays, c'est d'appeler à voter, non pas la totalité des citoyens, mais la portion réellement éclairée et capable d'avoir un avis. »

Qu'on nous permette d'user un instant de la théorie que nous venons d'emprunter à M. Guizot, et le suffrage universel deviendra légitime, « car il était nécessaire. » Si, en effet, on ne le veut pas universel, on le souhaite restreint, et dans quelles limites ? Difficultés de détail, diront quelques-uns ! difficultés sérieuses, peut-être insurmontables, répondront tous ceux qui, tenant compte des faits, ont médité sur les vicissitudes récentes de nos lois en matière d'élection. Le temps où ces lois étaient discutées ne sont pas cependant si loin de nous ; quel était alors le courant irrésistible de l'opinion ? Tout le monde se le rappelle, c'était l'augmentation du nombre des électeurs, augmentation réclamée d'ailleurs dans presque tous les Etats de l'Europe. Les électeurs à 200 fr. avaient fait leur temps ; l'adjonction des listes de capacités était imminente ; du modeste détaillant, on allait passer à l'avocat sans cause, au médecin sans malades, à l'étudiant de l'une et de l'autre Facultés. Sans doute, les électeurs étaient plus *instruits*, dans le sens universitaire, que le paysan qui laboure le sol, ou l'ouvrier qui file et tisse le coton ; mais étaient-ils bien capables d'avoir un *avis sérieux* sur les affaires intérieures et extérieures d'un grand Empire ? ou bien, serait-ce qu'étant peu aptes à comprendre individuellement la marche de la politique quotidienne, leur réunion, leur masse les constituât en une moyenne heureuse, capable de recevoir de bonnes impressions et de donner au pouvoir d'utiles conseils ? A vrai dire, ce serait une prétention aussi difficile à légitimer mathématiquement que facile à réduire à néant, si l'on ne veut faire appel qu'à l'expérience de nos dernières années. Des leçons au pouvoir, on ne les a pas épargnées ; mais d'utiles conseils, on s'en est toujours montré fort sobre. Loin de nous la pensée de nous montrer injuste pour un système politique qui n'est plus ; mais ne devons-nous tenir aucun compte d'accusations si souvent reproduites par ceux-là mêmes qui se constituent les défenseurs attitrés du suffrage restreint ? Oublions-les cependant, car on ne pensait pas alors qu'en déclamant ainsi, on allait tout droit au suffrage universel, tout comme en criant pour la réforme on s'en venait à la République. Mais puisque c'est la Constitution anglaise qui doit nous servir de modèle, nous pourrions utilement rappeler ici ce que tout le monde sait, ce que les journaux anglais eux-mêmes reproduisent souvent dans un intérêt de parti, c'est que le suffrage restreint est facilement en butte à la corruption, que cette corruption a pris souvent des proportions scandaleuses, qu'elle épouvanterait nos mœurs publiques, et qu'elle paraît impossible à éviter complétement, quand, d'un côté, l'électeur dispose par sa voix d'une grande influence, et que, de l'autre, le gouvernement a un intérêt de vie ou de mort à s'assurer des élections favorables.

Toute autre assurément est l'allure du suffrage universel : les manœuvres fâcheuses ne sauraient, quoi qu'on puisse dire, s'y étendre bien loin, car il est impossible de corrompre à la fois des millions d'électeurs. Le gouvernement ne dispose pas d'un nombre suffisant de places, de bureaux de poste ou de débits de tabac pour satisfaire tous ceux que l'on voudrait gagner. La grande masse des électeurs est de plus, et par sa position même, en dehors de ces convoitises : que ferait un paysan illettré de faveurs pareilles ? A la vérité, dit-on, il en est dont on peut s'assurer le concours pour un verre de vin. Mais qui ne sent tout de suite l'extravagance de cette tactique, à supposer que quelqu'un voulût l'employer à son profit ? C'est un spectacle qui n'a rien de rare ni de bien choquant en Angleterre que celui d'un candidat défonçant publiquement les barriques pour se rendre favorable ses électeurs ; mais en France, celui qui voudrait pousser jusque-là la pratique des institutions du « peuple-modèle », serait immédiatement la risée de tout le monde et bientôt l'objet des poursuites du procureur impérial. Quant aux distributions clandestines, elles ne sauraient jamais avoir une importance sérieuse lorsqu'on opère sur plusieurs milliers d'électeurs à la fois ; la corruption, hors des cas isolés, est donc matériellement impossible. Doit-on craindre un autre danger ? Ce corps électoral ignorant, très sensible par sa nature à toutes les influences et à toutes les pressions qu'on exerce sur lui, n'est-il pas capable de devenir la dupe du premier venu, d'un manége habile ? Il n'est personne de nous qui ne puisse répondre à une pareille question par sa propre expérience : depuis plus de dix ans que fonctionne notre système politique, chacun, de près ou de loin, a dû prendre part à quelques opérations électorales, et, si je ne me trompe, on a pu deviner, sous l'apparente confusion qui règne dans les luttes de cette nature, un ordre, une tendance à la hiérarchie, qui sont d'un rassurant augure. Quelles sont, en effet, les personnes que va voir le candidat ? quelles sont celles dont il brigue les suffrages ? S'adresse-t-il à la masse des électeurs ? non assurément ; il recherche le concours des principaux habitants de chaque commune qu'il traverse, et ceux-là, disposant chacun dans leur sens d'un certain nombre d'électeurs qui ont avec eux des relations habituelles d'affaires et d'intérêts, l'élection se fait en pratique comme on doit toujours désirer qu'elle se fasse, c'est-à-dire que l'électeur le plus instruit, le plus haut placé dans l'échelle sociale, est consulté et pris pour guide, de proche en proche, par celui qui l'est moins ; et de la sorte, s'il est vrai que le paysan ou l'ouvrier soit peu capable par lui-même de discerner le mérite d'un candidat qui se présente à leurs suffrages, cette ignorance se trouve compensée par sa tendance naturelle à chercher des lumières auprès de gens mieux informés que lui et dans lesquels il a confiance.

Ainsi se trouve dissipée cette apparente confusion qui, à vrai dire, existe dans tout système électoral. Mais la corruption et la confusion ne sont pas les seuls reproches qu'on ait adressés au suffrage universel ; ne lui fait-on pas aussi un grief de sa souplesse, de son extrême facilité à se plier aux exigences du gouvernement, par conséquent, de son peu de sincérité. N'est-il pas évident, au contraire, que rien ne serait plus difficile à manier que des colléges de 30,000 électeurs si le moindre germe de défiance venait à se développer dans le pays ? Croit-on par hasard que la confiance des majorités électorales irait aux candidats du gouvernement si elle faisait défaut au gouvernement lui-même ? Qu'on se rassure, l'esprit d'indépendance, d'opposition au pouvoir, quel qu'il soit, est chose vivace en France. Il se reproduira sous toutes les formes d'institutions, et ne paraît pas devoir s'éteindre de sitôt. Dans presque toutes les élections, il existe des candidats rivaux de ceux de l'administration, et ces candidats obtiennent souvent un grand nombre de voix, quelquefois la majorité. Au surplus, il est un fait primordial, qui prouve surabondamment que l'on ne façonne pas à son gré le suffrage universel : lorsqu'il fallut procéder à l'élection d'un président de la République, le gouvernement d'alors ne se fit pas faute de travailler *la matière électorale*, afin de porter au pouvoir un général illustre, disposant déjà en fait de la puissance publique, ayant par conséquent d'énormes chances en sa faveur. On sait pourtant ce qui en advint.

Que le suffrage universel ait des défauts, il ne faut pas s'en étonner, et nous les verrions volontiers là où d'autres affectent de ne pas les chercher, dans la toute-puissance qu'il confère au peuple ; mais qu'il ait plus de défauts qu'un autre système électoral, nous nous permettrons d'en douter. Enfin, il se recommande par une raison qui a bien une certaine valeur pour les esprits pratiques : il est le seul possible aujourd'hui, et toute tentative pour refaire un cens de 300, de 200, même de 100 fr., avorterait misérablement. Telle est notre conviction, et ce serait celle de l'immense majorité des ennemis eux-mêmes de cette institution s'ils voulaient interroger sérieusement leur conscience.

En revenant de l'île d'Elbe, Napoléon était décidé à donner à la France la liberté de la presse, et il la donna en effet, non pas cette liberté entière et absolue, telle que l'entendent certains partis, liberté qui dégénère bien vite en licence, et amène bientôt des mesures de compression nécessaires ; mais telle que les pouvoirs réguliers l'ont toujours entendue, c'est-à-dire responsable devant les tribunaux des délits et des crimes qu'elle peut commettre. En accordant cette concession, l'Empereur se faisait-il illusion sur les périls de cette liberté ? Cela n'est guère probable ; mais il avait, pour se conduire de la sorte, une raison politique de premier ordre. Il était venu remplacer les Bourbons au prix d'une lutte sanglante, que son esprit clairvoyant jugea bientôt inévitable ; il était alors forcé d'accorder au pays tout ce que les Bourbons lui avaient refusé ; il voulait donc donner cette liberté, non pas avec hésitation et réserve, comme Louis XVIII, mais franchement et complétement. Napoléon d'ailleurs, n'avait contre la liberté de la presse, en 1815, que le lointain souvenir des saturnales du journalisme révolutionnaire. A ces excès, devenus justement odieux aux citoyens paisibles, un silence absolu de quinze ans avait succédé. Dans les premières années de l'Empire, ce silence, pourquoi le nier, avait été considéré comme un besoin, comme un bienfait, par la majorité honnête, saturée de clameurs anarchiques. Mais en France, on se lasse vite de tout, même de la sécurité, et, dans les derniers temps, Napoléon lui-même avait pu s'apercevoir,

en plus d'une grave occurrence, que ce mutisme de la presse offrait,
à son tour, des inconvénients et des périls. Depuis la fin de 1812
surtout, personne ne croyait plus à ce que l'autorité dictait aux journaux, et l'on était obligé aux plus étranges détours, non pas pour
tromper le public, mais pour lui faire parvenir la vérité. L'expérience du passé, la nécessité présente, tout le portait donc à accorder
la liberté de la presse. D'ailleurs, comme il le disait si spirituelle-
ment, « on a tout dit contre moi, tandis qu'il reste encore quelque
chose à dire sur mes adversaires. »

Cependant, rien n'est plus juste, plus éloquent même que le tableau que trace M. Thiers des vices inhérents à cette liberté ; et s'il
est une chose qui surprenne le lecteur, c'est qu'aussi bien ren-
seigné qu'il devait l'être et qu'il l'est assurément, notre illustre
auteur ait pour elle un penchant si décidé.

« Sans doute, dit-il, s'il y a quelque chose qui au premier aspect révolte les âmes honnêtes, c'est d'entendre quotidiennement le vrai et le
faux, et le faux bien plus souvent que le vrai ; d'entendre l'ignorance ou
l'improbité prétendre redresser les hommes les plus savants, les plus
probes, et tout défigurer cyniquement, impudemment, sans mesure. Mais
il y a dans l'état contraire, c'est-à-dire dans le silence forcé d'une nation
éclairée, de quoi surpasser les inconvénients de la liberté la plus exces-
sive. En effet, un pouvoir couvert par le silence peut tout, et qui peut tout
est tenté de tout faire ; de sorte qu'en y regardant bien, on se trouve placé
dans cette alternative : ou laisser dire, ou laisser commettre des indignités. Or le choix ne saurait être douteux, et à la pratique on reconnaît
bientôt qu'il vaut mieux laisser dire des indignités, pour que ceux qui gou-
vernent soient empêchés d'en commettre. De plus, le défaut de contradic-
tion engendre peu à peu une telle défiance, qu'un gouvernement peut
moins se défendre contre les faux bruits, contre la calomnie échangée de
bouche en bouche, qu'il ne le peut contre une presse l'attaquant à la face
du ciel. A la vérité, cette sourde défiance du public qui, dans le régime
du silence, accueille si volontiers la calomnie et devient ainsi la punition
du pouvoir absolu, opère moins vite que la calomnie audacieuse de la
presse libre ; mais ce mal lent et sourd qui mine, est au moins aussi funeste, quand il a gagné les masses, que le mal patent de la licence. On
peut atteindre ce dernier par la réponse contradictoire : impossible d'atteindre l'autre dans l'ombre où il se cache. Sans compter qu'il arrive un
jour, jour bien mal choisi, car c'est celui du malheur, où, toutes les bar-
rières venant à tomber à la fois, la passion longtemps contenue éclate,
verse sur vous l'énorme arriéré de vingt ans d'injures, et vous accable,
quand il n'y a plus une voix pour vous défendre, une oreille pour vous
écouter ! »

Est-il vrai cependant qu'un gouvernement soit réduit à cette triste
alternative, ou de laisser dire des indignités ou d'en commettre lui-

même? Il y a là je ne sais qu'elle raideur de syllogisme, quelle logique cassante à la manière des mathématiciens, qui met en garde contre la justesse d'un pareil raisonnement. Que peut désirer un pouvoir quand il touche à ces questions si délicates? Une chose, une seule, être éclairé. Est-on bien sûr de trouver la lumière dans ce déchaînement dont M. Thiers nous fait un tableau si triste et malheureusement si vrai. Qui se chargera de discerner, au milieu de ce verbiage ironique ou injurieux, la parole juste, le conseil utile et sensé? Est-ce bien d'ailleurs dans de pareils milieux que naissent facilement ces fleurs rares qu'on appelle la raison, la sage fermeté, la prudence. En 1814, Napoléon ne pouvait savoir ce que nous savons aujourd'hui, ce que nous avons vu, et l'expérience des trente années qui ont précédé le nouvel empire, sans être concluante, doit tout au moins nous engager à une grande circonspection. Quels sont donc les services signalés que les journaux quotidiens (on comprend qu'il ne peut s'agir ici de la presse tout entière) ont rendus à la Restauration et au gouvernement de Juillet? Je sais et personne n'ignore la part considérable qu'ils ont eue à la chute de ces deux gouvernements; quant aux bons conseils qu'ils lui ont donnés, quant aux sages avis qu'ils ont eu la puissance de faire accepter, les chercher et les trouver seront chose plus difficile. Sauf de rares et honorables exceptions, la polémique de ces journaux (ceux de l'opposition, bien entendu) était acerbe, passionnée; les invectives y gâtaient, et souvent même y remplaçaient complétement les bonnes raisons, et l'on doit, ce me semble, se montrer indulgent pour les hommes d'Etat qui n'allaient pas chercher leur règle de conduite dans de pareils organes, plutôt faits pour détourner des idées qu'ils préconisent que pour y amener les esprits. N'est-il donc aucun moyen d'échapper à ce pressant dilemme des *indignités?* nous croyons la chose possible, et les lecteurs de la *Revue* se souviennent peut-être de quelques réflexions que nous leur avons soumises à ce sujet.

Mais il est une autre considération qui nous frappe et qui sans doute aura frappé bien d'autres esprits. Ce que tout gouvernement désire, c'est la lumière, c'est la connaissance aussi exacte que possible des vœux de la nation; or, comme le dit fort bien M. Thiers, cette connaissance, il l'acquiert plus facilement et à moins de frais par la tribune de ses représentants que par la presse quotidienne. « L'expérience, dit-il, apprend en effet que si la liberté de la presse est souvent la calomnie sans réponse, la liberté de la tribune, au contraire, est la calomnie avec la réponse instantanée, devant les mêmes auditeurs qui ont entendu l'accusation, et avec la solennelle réparation du vote immédiat. Or, il n'y a pas un homme ferme et droit qui ne préfère la discussion de ses actes devant une assemblée, obligée d'écouter la défense comme l'attaque, et de prononcer sur le champ, à la défense par écrit devant des lecteurs qui ont accueilli l'accusation par malice, qui se dispensent de lire la réfutation par légèreté, et ne se donnent guère la peine d'être justes, parce qu'ils n'ont pas mission expresse de l'être. » Entre la liberté complète de la presse quotidienne et celle de la tribune, notre choix est tout fait, et comme la lumière, à notre sens, vient plus sûrement et avec moins de périls de ce dernier côté que du premier, comme la presse elle-même, obligée de rendre compte à la fois de l'attaque et de la réponse, peut répandre partout d'utiles discussions, il nous semble qu'un gouvernement peut trouver là un moyen heureux de ne pas commettre d'indignités et de n'en pas laisser dire non plus.

On sait que pour rédiger la constitution nouvelle de la France, plus connue sous le nom d'acte additionnel aux constitutions de l'empire, Napoléon avait appelé auprès de lui M. Benjamin Constant, qui, quelques jours auparavant, l'attaquait encore avec une violence extrême. Mais les libéraux d'alors regardaient M. Benjamin Constant comme l'homme du temps qui, outre son talent d'écrire, possédait le mieux la théorie de la monarchie constitutionnelle ; ce fut aussitôt pour l'Empereur une raison décisive de le faire venir.

« Napoléon, raconte M. Thiers, avait bien des attitudes à prendre devant cet homme de tant d'esprit qui, à cette heure, était à sa merci. Il aurait pu être ou caressant ou dur, et dans les deux cas, il eût manqué de convenance. Il fut simple, poli et plein de franchise. Ne s'occupant en rien du passé, il ne parla que de l'œuvre pour laquelle M. Benjamin Constant était appelé ; il lui dit qu'ayant promis à la France une constitution libérale, il la voulait donner, et la donner telle qu'elle convenait, sans les restrictions d'un pouvoir timide, ou les complaisances calculées d'un pouvoir astucieux, accordant tout d'abord plus qu'il ne fallait pour avoir le droit de tout retirer ensuite ; que les esprits étaient fort animés à ce sujet et par conséquent peu raisonnables ; qu'il n'était pas bien sûr que ce fut leur dernier mot, car ils avaient bien varié depuis 1800, époque ou ils ne voulaient aucune liberté, tandis que maintenant ils les réclamaient toutes, qu'il ne fallait pas du reste s'y tromper ; que les vœux pour une Constitution libre étaient les vœux d'une minorité ; que les masses populaires ne voulaient que lui, Napoléon, et lui demandaient uniquement de les délivrer des nobles, des prêtres et de l'étranger ; mais qu'il entendait tenir grand compte des vœux des hommes éclairés, et se montrer aussi éclairé qu'eux ; qu'il avait donc la ferme résolution d'accorder la monarchie constitutionnelle ; qu'il n'y en avait qu'une, il le savait, laquelle consistait dans des ministres responsables, obligés de discuter au sein des Chambres les affaires du pays, et dans une liberté complète de la presse, sans aucune censure préalable ; que sur ce dernier point notamment, il était convaincu que vouloir enchaîner la presse était puéril, qu'il n'y aurait par conséquent, aucune diffi-

culté de fond avec lui, et qu'il s'agirait uniquement de trouver la forme
convenable sans l'humilier; que l'on pourrait, sans doute, se demander
s'il s'accommoderait à la longue des entraves au-devant desquelles il allait ;
que la défiance, à cet égard, était permise ; qu'il ne s'en offenserait point,
mais qu'il était très préparé à subir les désagréments du régime constitutionnel, et qu'en tous cas, il espérait qu'on le ménagerait; qu'autrefois il
avait eu de vastes desseins ; que pour de tels desseins, le gouvernement
constitutionnel aurait été un obstacle ; mais qu'un seul intérêt le préoccupait désormais, c'était de résister à l'ennemi extérieur; que la lutte serait
terrible, il ne fallait pas se le dissimuler..... Ces paroles prononcées d'un
ton calme, ferme, convaincu, et à l'ombre de tant de lauriers, saisirent
vivement l'imagination impressionnable de M. Benjamin Constant, le per-
suadèrent complétement ou à peu près, et il remercia le sort qui l'avait
rendu prisonnier d'un tel vainqueur. Napoléon lui livra ensuite un amas de
projets de constitutions, les uns signés, les autres anonymes. Jusque-là poli
mais sérieux, il se dérida tout à coup en prenant en mains certains de ces
projets, dont il énonçait le sens, puis l'auteur. — En voici un d'un républi-
cain, disait-il, en voici un autre d'un monarchiste à la façon de Mounier,
en voici un troisième d'un royaliste pur, — puis exposant le contenu, Napoléon souriait du contraste des idées avec le nom des auteurs, car les ré-
publicains ne proposaient souvent que le despotisme, et les royalistes
l'anarchie. Faites de tout cela ce que vous voudrez, ajouta-t-il, arrêtez vos
idées, qui le sont sans doute déjà ; trouvez une forme et venez me revoir ;
nous n'aurons pas de peine à nous mettre d'accord. Napoléon congédia ensuite M. Benjamin Constant, sans l'avoir ni caressé, ni maltraité, mais en
l'ayant dominé par la simplicité, le charme et la fermeté de son esprit,
devant lequel toute question se présentait non pas comme à résoudre, mais
comme résolue. »

Voilà qui est bien certain, Napoléon voulait alors, non-seulement
la liberté de la presse, mais la monarchie constitutionnelle, à la manière anglaise, c'est-à-dire avec des ministres responsables devant
les chambres. Tout calcul intéressé, toute feinte étaient également
dédaignés de ce grand esprit. Il fallait faire mieux que les Bourbons sur ce point, puisqu'on était venu les remplacer ; l'expérience
parlerait plus tard, et l'on modifierait ce qu'il y aurait de défectueux
dans cette première application, à notre pays, d'une forme de gouvernement copiée sur un modèle étranger. Dans cet entretien, dont
M. Thiers n'a cité que des fragments, mais qu'on retrouve tout entier dans les *Lettres sur les Cent-Jours*, de Benjamin Constant, Napoléon lui dit encore que le succès d'une constitution calquée sur
celle de l'Angleterre lui semblait *problématique* en France ; que,
néanmoins, il était décidé à en essayer, «le goût des constitutions,
des débats, des harangues paraissant revenu. » Et l'on peut être assuré qu'il en eût essayé loyalement.

Bien des années se sont écoulées depuis cette époque ; nous avons eu deux monarchies constitutionnelles, et elles n'ont pas duré. Ne nous hâtons pas de conclure, cependant ; il y a de bonnes choses qui ne durent pas, et il en est de mauvaises qui fournissent une longue carrière. Toutefois, il nous est impossible de ne pas être frappé de cette double catastrophe, et ce serait bien mal comprendre les conseils si éloquents [1] que nous adresse M. Thiers à la fin de ce même volume, que de ne pas tenir compte de ces faits d'une importance si capitale. Comment donc s'orienter ? Où est cette vérité que nous aimons, que nous appelons de tous nos vœux ? Faudrait-il, par hasard, retourner purement et simplement en arrière ? Mais l'histoire nous apprend que de pareils retours sont impossibles ; elle n'en a jamais offert d'exemple. Dans le présent il y a toujours du passé ; mais le présent et le passé ne se copient jamais exactement. Quelles que soient les causes qui ont amené la chute de cette forme de gouvernement, ces causes existaient : se remettre identiquement dans une situation semblable, ce serait courir de nouveau les mêmes périls et les mêmes aventures. Si l'histoire et l'expérience doivent jamais servir à quelque chose, c'est à modifier, dans une juste mesure, la forme politique dont les vices ont amené la disparition.

Sans doute, la Constitution du premier Empire n'était pas exempte de reproches ; elle constituait, au profit d'un seul homme, une concentration de pouvoirs dictatoriaux qui, d'abord indispensable, devint plus tard dangereuse. Mais le régime de la Restauration, celui du gouvernement de Juillet, qui attribuaient à une seule Assemblée une part si considérable dans la puissance publique, n'avaient-ils pas aussi leurs défauts, trop bien démontrés par l'expérience de deux révolutions ?

Du reste, s'il est facile de se rendre compte des sentiments de l'Empereur au moment même où il voulait former cette monarchie constitutionnelle parce que ce système seul lui paraissait possible en ce moment, nous avons déjà indiqué qu'il n'avait dans cet expédient qu'une confiance assez limitée. Parlant avec M. Benjamin Constant de l'hérédité de la pairie, l'Empereur disait avec son langage si net et si heureusement figuré :

« Il faut une aristocratie, et il la faut surtout dans un État libre, où la démocratie a toujours une influence prépondérante. Un gouvernement qui essaye de se mouvoir dans un seul élément est comme un ballon dans les airs, inévitablement emporté dans la direction où soufflent les vents. Au

---

[1] « Triste siècle que le nôtre, du moins pour ceux qui en ont vu la première moitié ! Fasse le ciel que la génération qui nous suit et qui est appelée à en remplir la seconde moitié, voie des jours meilleurs ! Mais qu'elle veuille bien nous en croire, c'est en profitant des leçons dont ce demi-siècle abonde, et que cette histoire s'attache à mettre en lumière, qu'elle pourra obtenir ces jours meilleurs, et surtout les mériter. »

contraire, celui qui est placé entre deux éléments, et peut se servir de l'un ou de l'autre à son gré, n'est point asservi. Il est comme un vaisseau qui est porté sur les flots, et qui n'use des vents que pour marcher. Le vent le pousse, mais ne le domine pas. »

« Puis, il ajoutait bientôt : « Mais l'ancienne noblesse est contre moi, et la nouvelle est bien nouvelle. Tout cela ne ressemble pas à l'aristocratie anglaise, née avec la constitution anglaise, ayant contribué à la donner au pays, et n'ayant pas cessé de la pratiquer..... D'ailleurs, ajoutait-il, nous avons un peuple plein de préventions contre la noblesse héréditaire. Ce qui l'anime le plus en ce moment, ce qui le fait courir au-devant de moi, c'est la haine des nobles et des prêtres, et si vous lui présentez la pairie héréditaire, vous lui ferez jeter les hauts cris, sans être bien assuré d'avoir créé une véritable aristocratie avec une Chambre des pairs qui, pour assez longtemps, sera composée de chambellans et de généraux. »

Si bien que ce grand esprit, désabusé du pouvoir absolu par les leçons les plus dures, cherchait un contre-poids dans une aristocratie, et ne trouvait pas d'aristocratie en France. Que ce fût lui seul qui gouvernât, ou que ce fût une assemblée unique, alternative inévitable dans les pays qui n'ont plus d'aristocratie, c'était toujours une seule influence, une seule direction, et par conséquent les périls et la mort au bout. Sous le premier empire, il y avait bien un Sénat et un Corps législatif, mais le sentiment public ne s'y est jamais trompé ; l'Empereur était presque tout. Sous la Restauration et le gouvernement de Juillet, il y avait bien une Chambre des Pairs et un roi, mais la Chambre des députés était à elle seule presque tout ; ainsi la même cause a engendré les mêmes périls, qu'il est temps désormais d'éviter.

Vouloir annihiler la personne du souverain en France sera, selon nous, une tentative toujours inutile et funeste. Les traditions historiques les moins contestées de notre pays contredisent fortement cette prétention. Le peuple veut avoir quelqu'un à aimer, à craindre, à critiquer surtout. En Angleterre, ce rôle objectif est celui de l'aristocratie. En France, il faut bien qu'il soit rempli par quelqu'un, et ce quelqu'un c'est le souverain, le souverain ayant une personnalité à lui, ne jouant pas un rôle impersonnel, comme dans les monarchies tout à fait constitutionnelles, un souverain qui puisse au besoin, dans les grandes circonstances, se mettre à la tête des soldats, qui puisse toujours faire face résolûment et par lui-même aux grands dangers publics, sous quelque forme qu'ils apparaissent. La France est un pays centralisé, il lui faut une capitale et un souverain ; la priver de l'un ou de l'autre, c'est la décapiter. Sans avoir des ministres imposés par un corps politique, ne peut-on se contenter de l'exercice d'un contrôle indépendant sur ces ministres librement choisis par le souverain ?

On a dit, en faveur du principe de la responsabilité ministérielle, que ce système assurait mieux un gouvernement conforme à l'esprit de la nation. Cela peut n'être pas toujours exact ; et, pour ne citer qu'un seul exemple contraire, on a bien vu, en février 1848, que des ministres responsables, appuyés par une majorité non équivoque au sein des conseils législatifs, pouvaient cependant être parfaitement incapables de maîtriser un mouvement révolutionnaire. Au contraire, il ne me paraît pas impossible qu'un souverain qui a un grand pouvoir, et, par suite, un haut sentiment de responsabilité, comprenne aussi bien et exécute avec autant d'esprit de suite les volontés populaires, que le ferait une assemblée mobile à l'excès, et qui peut maintenir ou changer un ministère dans un tout autre but que la satisfaction d'un vœu du peuple. D'ailleurs, en France, on a le respect, je dirais volontiers l'idolâtrie, de la grandeur et de la force, qu'il faut bien se garder de confondre avec le despotisme ; c'est donc un contre-sens de mettre sur le trône la personnification même de la faiblesse.

Résumons cette discussion déjà bien longue. M. Thiers évidemment n'a pas senti se modifier une seule de ses anciennes convictions : le régime constitutionnel, comprenant à la fois le suffrage restreint ; la liberté de la presse limitée par les tribunaux seuls ; les ministres responsables et tout-puissants, n'ont pas cessé d'être son idéal politique. Il a aujourd'hui les idées qu'il avait il y a quarante ans. Que sa profonde expérience, que ses études si complètes, qu'une catastrophe éclatante lui aient fait comprendre tous les vices inhérents au système politique du premier Empire, cela était naturel ; mais que les faits survenus depuis la chute de Napoléon, que l'essai deux fois malheureux du régime constitutionnel ne lui aient rien appris, il y a peut-être lieu de s'en étonner. — Le gouvernement d'un peuple par un seul homme est un extrême, et par cela seul, à moins de circonstances exceptionnelles, mérite d'être répudié ; mais le gouvernement par une assemblée unique pourrait avoir des défauts non moins graves, et doit, ce nous semble, encourir la même défaveur ; or, quelque essai d'aristocratie que l'on tente en France, que ce soit une Chambre des pairs, que ce soit un Sénat, on ne trouvera jamais dans ces corps politiques un contre-poids suffisant ; le souverain ou l'assemblée deviendront bientôt tout-puissants ; l'équilibre sera rompu. Si ces données sont exactes, le remède est simple ; il ne faut attribuer le pouvoir dans toute sa plénitude dictatoriale, ni au chef de l'Etat, ni aux mandataires du pays. C'est ce que depuis dix ans on essaye de faire, et, si l'on en juge par l'expérience, ce système mixte paraît concilier, dans une heureuse mesure, la grandeur nationale, la sécurité publique et le développement de la richesse commune. En toutes choses, il faut chercher, et chercher sans relâche le juste point, le degré raisonnable. Le système des électeurs censitaires a produit de tristes résultats ; n'y revenons pas. — Le gouvernement d'un seul homme a amené des catastrophes ; évitons-les. — Une assemblée toute-puissante s'est suicidée elle-même et a entraîné le pays dans sa chute ; gardons-nous de la rétablir. — La presse, avec son mutisme forcé sous le premier empire, avec sa liberté grande sous le gouvernement de Juillet, a été également funeste ; cherchons un terme moyen entre ces deux époques. — Les ministres qui laissent tout faire et les ministres qui font tout n'ont pas heureusement gouverné le pays ; évertuons-nous à leur trouver une situation politique qui n'en fasse ni des commis ni des souverains. Voilà, selon nous, ce que conseille l'expérience et ce que veut la sagesse.

III

L'acte additionnel aux Constitutions de l'Empire étant rédigé, soumis à la sanction du peuple et ratifié par lui, il ne restait qu'à le promulguer d'une manière solennelle et qui pût faire impression sur les esprits. On sait que Napoléon (ses ennemis l'ont souvent assez répété) s'entendait mieux que personne à ces scènes théâtrales qui laissent parfois de longs souvenirs dans l'imagination des peuples, et ont ainsi leur côté utile. L'Ecole militaire et le champ de Mars avaient été choisis comme l'emplacement le plus convenable pour cette nouvelle cérémonie. L'Empereur fut chaleureusement accueilli quand il vint prendre place sur son trône, entouré des princes et princesses de sa famille. A ses côtés et sur des estrades réservées, se groupaient selon leur rang les corps de l'Etat ; les autorités civiles et militaires, la magistrature, les représentants récemment élus, les députations des colléges électoraux, et enfin les envoyés de l'armée venant recevoir les drapeaux des régiments. Dans l'enceinte du champ de Mars se massaient 50,000 hommes de l'armée et de la garde nationale, et 100 bouches à feu. Après la messe, un *Te Deum* fut chanté, et le représentant des colléges électoraux lut d'une voix forte le discours que ces derniers adressaient à l'Empereur. Quelques-uns des passages de cette pièce, devenue historique, méritent d'être remarqués, et firent une véritable impression sur l'assemblée, les voici :

« Que veulent, sire, ces monarques qui s'avancent vers nous en un si vaste appareil de guerre ? — Par quel acte avons-nous motivé leur agression ?

Avons-nous depuis la paix violé les traités?.... Resserrés dans les frontières que la nature n'a point tracées, que, même avant votre règne, la victoire et la paix avaient reculées, nous n'avons point franchi cette étroite enceinte, par respect pour les traités que vous n'avez point signés et que vous avez cependant offert de respecter. Que veulent-ils donc de nous? Ils ne veulent pas du chef que nous voulons, et nous ne voulons pas de celui qu'ils prétendent nous imposer. Ils osent vous proscrire, vous qui, tant de fois maître de leurs capitales, les avez raffermis généreusement sur leurs trônes ébranlés! Cette haine de nos ennemis ajoute à notre amour pour vous. On proscrirait le moins connu de nos concitoyens, que nous devrions le défendre avec la même énergie, car il serait sous l'égide de la puissance française. Ne demande-t-on que des garanties? elles sont toutes dans nos nouvelles institutions et dans la volonté du peuple français, unie désormais à la vôtre. Vainement veut-on cacher de funestes desseins sous le dessein unique de vous séparer de nous et de nous donner des maîtres qui ne nous entendent plus, que nous n'entendons plus! Leur présence momentanée a détruit toutes les illusions qui s'attachaient encore à leur nom. Ils ne pourraient plus croire à nos serments, nous ne pourrions plus croire à leurs promesses. La dîme, la féodalité, les priviléges, tout ce qui nous est odieux, était trop évidemment le but de leur pensée. Un million de fonctionnaires, de magistrats voués depuis vingt-cinq ans aux maximes de 1789, un plus grand nombre encore de citoyens éclairés, qui font une profession réfléchie de ces maximes, et entre lesquels nous venons de choisir nos représentants, cinq cent mille guerriers, notre force et notre gloire, six millions de propriétaires investis par la Révolution, n'étaient point les Français des Bourbons : ils ne voulaient régner que pour une poignée de privilégiés, depuis vingt-cinq ans punis ou pardonnés. Leur trône, un moment relevé par les armes étrangères et environné d'erreurs incurables, s'est écroulé devant vous, parce que vous nous rapportiez du sein de la retraite, qui n'est féconde en grandes pensées que pour les grands hommes, la vraie liberté, la vraie gloire..... Comment cette marche triomphale de Cannes à Paris n'a-t-elle pas dessillé tous les yeux? Dans l'histoire de tous les peuples est-il une scène plus nationale, plus héroïque, plus imposante? Ce triomphe, qui n'a point coûté de sang, ne suffit-il pas pour détromper nos ennemis? En veulent-ils de plus sanglants? Eh bien! sire, attendez de nous tout ce qu'un héros fondateur peut attendre d'une nation fidèle, énergique, inébranlable dans son double vœu de liberté au dedans, d'indépendance au dehors..... Confiants dans vos promesses, nos représentants vont, avec maturité, avec réflexion, avec sagesse, revoir nos lois et les mettre en rapport avec le système constitutionnel, et pendant ce temps, puissent les chefs des nations nous entendre! S'ils acceptent vos offres de paix, le peuple français attendra de votre administration forte, libérale, paternelle, des motifs de se consoler des sacrifices que lui aura coûtés la paix; mais si on ne lui laisse que le choix entre la honte et la guerre, il se lèvera tout entier, afin de vous dégager des offres trop modérées peut-être que vous avez faites pour épargner à l'Europe de nouveaux bouleversements. Tout Français est soldat; la victoire suivra de nouveau vos aigles, et nos ennemis, qui comptaient sur nos divisions, regretteront bientôt de nous avoir provoqués. »

Après ce discours, Napoléon, descendant de son trône, commença la distribution des drapeaux, et fit éclater dans l'armée et dans la garde nationale un enthousiasme non équivoque. Mais ces impressions ne devaient être que fugitives; le lendemain, les rôles étaient changés, ou, pour mieux dire, chacun avait repris le sien : « La bourgeoisie était redevenue craintive, embarrassée; elle comprenait instinctivement que, dans ces circonstances critiques, il n'était pour elle qu'un parti à prendre, celui de se confier à Napoléon, qui seul pouvait la sauver. » Ce parti, néanmoins, elle hésitait à le prendre, s'occupant plutôt de demander des garanties contre l'excès d'un pouvoir qu'elle avait connu tout-puissant, que de se serrer autour du vainqueur d'Auster-litz, qui peut-être, avec cet appui, n'eût pas été le vaincu de Wa-terloo !

Quant à l'Empereur, devenu plus triste encore depuis la chute de Murat, que l'on venait d'apprendre à cette époque, chute qui lui sem-blait d'un fâcheux augure pour lui-même, il ne recouvrait son en-train, sa gaieté même, qu'en voyant approcher le moment fatal du dernier combat qu'il allait livrer à l'Europe. Dans ces crises su-prêmes, la vraie nature de l'homme reparut tout entière. Dans la vie politique, certaines paroles, certains actes de Napoléon peuvent lui mériter de justes reproches, mais au moment de la lutte, ou sur le champ de bataille, il fut toujours doux, simple, courtois, affable même. Ce n'est pas sans émotion qu'on se rappelle la visite que l'Em-pereur fit à la Malmaison quelques jours avant de partir pour Wa-terloo. L'Impératrice Joséphine y était morte le printemps précédent. Il revit cette modeste demeure où il avait passé les plus belles années de sa vie, auprès d'un épouse qui, malgré ses défauts, était cepen-dant une de ces amies qu'on ne retrouve pas deux fois, et qu'on re-grette toujours quand on les a perdues. Il consacra plusieurs heures à visiter ce petit château, et ces jardins où Joséphine cultivait ces fleurs qu'elle faisait venir des quatre parties du globe. Quelle diffé-rence entre cette année 1815 et les années 1800, 1801 et 1802, où il était à la fois l'objet de l'admiration, de la confiance, de l'amour du monde ! « Pauvre Joséphine, disait-il à la reine Hortense, à chaque détour de ces allées, je crois la revoir ; sa mort, dont la nouvelle est venue me surprendre à l'île d'Elbe, a été l'une des plus vives dou-leurs de cette funeste année 1814; elle avait des faiblesses, sans doute, mais celle-là, au moins, ne m'aurait jamais abandonné. » Puis il demanda à la Reine Hortense de lui faire tenir une copie du portrait le plus ressemblant qu'on eût conservé de Joséphine ; ne sachant où il serait dans un mois, il désirait emporter avec lui cette espèce de talisman, à l'aide duquel il pouvait faire reluire à ses yeux les plus heureuses années de sa vie.

Le 12 juin, à trois heures et demie du matin, il montait en voiture pour se mettre à la tête de sa dernière armée.

Tels sont, en résumé, les faits principaux abordés par M. Thiers dans son dix-neuvième volume. Parler du talent de l'auteur d'un ouvrage si exceptionnel, à quelque point de vue qu'on se place, et qui a eu le rare bonheur de captiver et de charmer l'attention publique pendant de si longues années, c'est s'exposer à des redites inévitables. M. Thiers a été un homme d'Etat remarquable ; ce sera un historien que la postérité la plus reculée consultera toujours avec fruit. On peut n'être pas complétement de son avis sur plus d'un point, mais comment ne pas l'admirer, même quand on ose le combattre ? Bien qu'assez jeune encore pour profiter des conseils pleins de sagesse que M. Thiers adresse à la génération qui suivra la sienne, il nous a malheureusement été possible d'assister à bien des catastrophes politiques ; c'est au milieu de ces temps agités que nous avons appris à le connaître. Perdu dans la foule, nous suivions d'un œil attentif et d'un cœur charmé ces luttes magnifiques où, partisan de la grandeur nationale, il essayait de ramener le gouvernement de Juillet aux vraies traditions de notre glorieux pays ; où, plus tard, défenseur de tous les principes sur lesquels repose la société, il forçait, par la toute-puissance du talent, ses ennemis les plus anciens et les plus ardents à honorer son caractère et à partager ses convictions. Dans ce palais de carton que la République avait édifié, que nous étions heureux alors de voir le représentant des idées qui nous étaient chères obtenir des triomphes si éclatants ! Bégayant à peine la langue politique, nous nous emparions avec avidité de ses arguments pour terrasser des adversaires aussi obscurs et aussi jeunes que nous. Tous ces sentiments, nous nous honorons de les avoir conservés intacts au fond de notre cœur, et quelques dissidences sur un point de doctrine politique n'auront jamais le pouvoir de les affaiblir.

Paris. — Imprimerie de DUBUISSON et Cⁱᵉ, rue Coq-Héron, 5.

BIBLIOTHEQUE NATIONALE DE FRANCE
3 7531 03964335 9